AU
CITOYEN DR FIAUX

AUTEUR DE LA *Ligue républicaine de l'Enseignement primaire*

ET DU *Sou des Écoles laïques*

PAR

JACQUES BONHOMME

15 CENTIMES

10 FRANCS LE CENT POUR LA PROPAGANDE

1881

Citoyen docteur,

J'ai lu attentivement votre opuscule intitulé :
Ligue républicaine de l'Enseignement primaire et du Sou des Écoles laïques, par le docteur Fiaux, *maire d'Andilly, conseiller d'arrondissement, chevalier de la Légion d'honneur* et franc-maçon?

Pourquoi ne décorez-vous pas votre opuscule de ce deriner titre si vous l'avez reçu dans quelque Loge d'une « Clémente Amitié » quelconque et d'un Rit Écossais, Italien, ou Prussien?

N'assure-t-il pas des voix aux Aspirants au Sénat ou à la Chambre présidée par M. Gambetta de Cahors et de Gênes?

Où croiriez-vous le canton de Montmorency trop peu laïcisé c'est-à-dire trop peu Gambétisé encore pour contempler sans éblouissement l'auréole doñt ce titre entoure, dit-on, votre bonnet de Docteur?

J'ai donc lu très attentivement votre opuscule.

J'y ai trouvé de fort jolies choses :

De l'histoire lestement falsifiée.

Des calomnies audacieusement avancées.

Des impertinences doctoralement administrées en guise de pilules assoupissantes à vos futurs Électeurs.

Et d'autres ingrédients pharmaceutiques à l'usage du suffrage universel dit « gobes-mouches » par nos malins et peu révérencieux préfets qui savent si bien le manipuler.

Si vous voulez bien analyser avec moi quelques uns de vos petits produits chimiques nous y trouverons, vous verrez, quelque peu d'arsenic et de nicotine, de pétrole et de nytro-glicérine, de vitriol et de salpêtre, le tout fortement dosé de morphine, selon la formule, pour endormir l'électeur bénévole, jusqu'après l'*Opération* c'est-à-dire les nouvelles Élections qu'il faut Opportuno-Radicales afin de pouvoir poursuivre jusqu'au complet épuisement de la pauvre France si malade, la grande opération Révolutionnaire !

Mais une analyse sèche vous fatiguerait citoyen-aspirant à la Députation, du reste elle serait longue et vos instants sont comptés, absorbé que vous êtes par vos labeurs consacrés avec un noble désintéressement au Bonheur de notre bon peuple de France, de notre bon mouton de Panurge, comme on dit au Palais-Bourbon, qui se laisse tondre si gentiment.

Nous nous contenterons donc d'effleurer votre savante et patriotique brochure, en trois chapitres que nous in titulerons : 1º *une Consultation* 2º les *Dix commandements de la morale républicaine*, 3º *L'histoire traitée,* d'après les dernières découvertes de la science médicale par le Docteur Fiaux, chevalier de la Légion d'honneur. Moi, Jacques Bonhomme, qui ne suis ni un malin, ni un savant, je ne ferai guère que des citations. Je laisserai parler les autres ce qu'en ami je vous conseille de faire désormais vous-même, dans votre intérêt, citoyen-Docteur.

I

Une Consultation

Vous aspirez à la Députation, Docteur, et vous avez raison, la France est bien malade. On dit qu'elle agonise, que les charlatans l'exploitent, que les Empiriques la tuent. Cependant vos collègues sont en nombre à la Chambre depuis dix ans. De mauvaises langues ne vont-elles pas jusqu'à prétendre que c'est peut-être l'explication la plus logique de la longue durée de la maladie. La France guérie ! jugez donc ! nos docteurs obligés de retourner auprès de leurs malades dont le budget est bien maigre à côté de celui de la noble blessée. Un docteur de plus et le Docteur Fiaux ! arrondissement de Pontoise, refuserais-tu à ta Patrie ce consulteur si grave, si modeste, si désintéressé !

Pour vous éclairer sur vos futurs devoirs de Député, docteur redoutable au grand citoyen Langlois lui-même, laissez-moi donc vous citer un petit bout de consultation que j'entendis en traversant naguère les couloirs de la Chambre des députés.

DOCTEUR CENTRE-GAUCHE, DOCTEUR DROITE-MODÉRÉE,
DOCTEUR UNION-RÉPUBLICAINE, DOCTEUR EXTRÊME-GAUCHE.

Docteur centre-gauche. — Eh bien ! citoyens-Docteurs, le cas est grave, que dites-vous de notre malade?

Docteur droite-modérée. — La France, messieurs, je le dis la mort dans l'âme, elle est Épileptique avec accès de folie furieuse, hallucinée, ulcérée...

Docteur union-républicaine. — La France Épileptique !

Docteur extrême-gauche. — Hallucinée, la France !

Docteur centre-gauche. — Ulcérée, la France !

Docteur droite-modérée. — Oui, messieurs.

Docteur union-républicaine. — Mais c'est une abomination !

Docteur extrême-gauche. — Mais...

Docteur droite-modérée. — Messieurs, voulez-vous m'écouter un instant?

Docteur extrême-gauche. — Non, c'est une horreur !

Docteur centre-gauche. — Soyons calmes, messieurs, si, parlez, expliquez-vous, nous vous répondrons.

Docteur droite-modérée. — Je n'abuserai pas de vos précieux instants, messieurs. Je dis (un médecin doit-il reculer devant le mal de la personne qui lui est le plus cher sans l'examiner d'abord pour appliquer ensuite le remède salutaire), je dis donc que la France, notre pauvre France est atteinte de cette horrible maladie qui s'appelle Épilepsie avec accès de folie furieuse et j'ajoute : depuis 93, depuis la monstrueuse Révolution de 93. Je ne chercherai pas avec M. Taine les Prodromes de cette maladie, je n'en décrirai pas les caractères, je n'en analyserai pas tous les spasmes; à des Docteurs il suffit de mettre le doigt sur la plaie et de leur dire : voyez, voyez donc, Messieurs, 93, 94, 95, etc..., quel tremblement épileptique dans tous ses membres, quelles convulsions, quelle écume sanglante... pour égarer les simples on parle bien haut de la Saint-Barthélémy que l'on explique mal, mais entre nous qu'est-ce que la Saint-Barthélémy à côté de la Révolution de 93. La grande Révolution a fait couler à flots le sang des rois, le sang des nobles, le sang des peuples. 93 : Épilepsie avec accès de fureur sauvage; 5,000,000 de personnes en Europe; 5,000,000, messieurs, ont été les victimes sanglantes du monstre révolutionnaire qui les a dévorées par la guillotine, par les noyades, par les fusillades et par cette guerre de vingt ans qu'il a provoquée!

1830 : nouvelle crise, nos pères s'en souviennent encore.

1848 : nouvelle et sanglante crise d'épilepsie.

1871 : Nouvelle et plus sanglante crise encore, du pétrole et du sang... avec accès de fureur localisé par les Versaillais.

1884... Approchez, messieurs, tâtez le pouls de la malade, ne sentez-vous pas comme il bat.. cent trente-cinq pulsations à la minute, et elle est relativement calme en ce moment. Mais regardez bien, une nouvelle crise est prochaine, symptômes certains : la malade a les yeux hagards, la face blême, puis injectée de sang; l'écume vient sur les lèvres; les membres tremblent et fléchissent... la crise menace d'être horrible.. Du pétrole encore... du sang encore.... Ecoutez messieurs, ce qui se dit au Conseil municipal de Paris, écoutez ce que projette le venimeux Ferry, le haineux Paul Bert, l'omnipotent Gambetta; lisez les journaux, prêtez l'oreille au programme qui se rédige dans certaines réunions... Attendez, voici venir les élections; suivez les trames secrètes de l'opportunisme et du radicalisme, écoutez les mots d'ordre qui circulent d'un bout de la France à l'autre, méditez les projets naguère occultes aujourd'hui criés par les rues de la franc-maçonnerie triomphante et voyez ce qui se fait dans la Ville-lumière, sous les yeux du président Grévy toujours calme, toujours austère, le Crucifix au tombereau, l'Evangile au tombereau, le Catéchisme au tombereau... les Sœurs des hospices arrachées à l'affection de leurs malades, à la confiance de nos collègues qui les réclament... Soyez attentifs aux paroles menaçantes de ceux que l'amnistie a fait revenir de Nouméa... qu'en dites-vous, messieurs ?

Docteur extrême-gauche — Les Nouméens sont mes électeurs, ils aspirent à une revanche, ils la veulent terrible et ils ont raison.

Docteur centre gauche. — Je proteste de la pureté de nos intentions...

Docteur droite modérée. — D'accord, ce qui est rare, avec mon collègue de l'extrême-gauche, au moins sur le fait douloureux de l'épilepsie... puisqu'il appelle de tous ses vœux une nouvelle crise, je continue : La France est hallucinée, hélas! oui, messieurs, hallucinée!

L'hallucination c'est l'illusion qui miroite et qui persiste, c'est la vision cornue... Hélas ! notre malade voit trouble, voit faux, voit rouge; elle se paye de mots, elle les tourne à l'envers, elle appelle raisonnable ce qui est folie, progressif ce qui est rétrograde, libéral ce qui est tyrannique, pacifique ce qui est désordre et confusion, scientifique ce qui est ignorance ou erreur, démocratique, ce qui est écrasement et avilissement du peuple, immoral ce qui est noblesse loyauté, vertu!

L'entendez-vous se proclamer, dans son délire, raisonnable, progressive, libérale, pacifique, scientifique, démocratique !

Raisonnable. — Elle supprime Dieu dans sa vie politique et l'âme humaine dans ses mœurs matérielles ; elle fait descendre l'homme d'une huître ou d'un singe à son choix et l'univers d'un tourbillon d'atômes crochus qui a tout fait .. en tourbillonnant... c'est limpide et concluant; et bien simple après cela celui qui craint le jugement d'un Dieu créateur et Rédempteur !

Progressive. — Elle recule jusqu'au paganisme antique, jusqu'à l'ignoble déesse Vénus qu'elle adore, jusqu'au Dieu Plutus qu'elle idolâtre; jusqu'au batailleur Mars dont tous les hommes valides en Europe deviennent bon gré, mal gré, les compagnons d'armes prêts à s'entr'égorger en plein dix-neuvième siècle, jusqu'à Mercure l'avocat impudent et voleur... hallucination!

Progressive. — Elle progresse si rapidement qu'elle ne sait plus se fixer à rien, ses enfants ne savent plus que dire : ce n'est pas cela encore que nous voulons... et ses plus glorieux fils les Tirard, les Barodet, les Gambetta, les Clémenceau demandent ou promettent la révision de la Constitution; plus de stabilité, plus de repos, toujours réviser c'est-à-dire toujours bouleverser... voilà le progrès... hallucination!

Libérale. — Elle forge des chaînes pour tous les citoyens; c'est l'égalité dans l'esclavage : services obligatoires, école obligatoire laïcité obligatoire, allumettes obligatoires...

Libérale. — Elle ferme les écoles chrétiennes, elle chasse les Religieux de leurs cellules, elle expulse les Sœurs des hôpitaux, elle force les parents à confier leurs enfants à M. Ferry marié civilement, au citoyen Paul Bert, le découpeur de chiens vivants... hallucination !

Pacifique. — Elle rêve de magnifiques conquêtes elle se couvre de gloire avec l'agrément de Bismarck en Tunisie, au risque d'aigrir l'Angleterre et l'Italie nos chancelants alliés... elle attend l'issue des élections pour jeter 100,000 hommes en Algérie, dont l'embrasement est le fruit de l'incapacité de M. Frère! à l'intérieur, quel trouble, quel malaise, quelle division, quelle agitation... hallucination.

Scientifique. — Elle a des concours qu'elle préside et qu'elle dirige. Or dans tous ces concours les élèves des fils de la Révolution ont souvent le dessous avec les élèves du cléricalisme. Que fait-elle? Elle supprime les écoles cléricales. Plus de concurrents, plus de rivaux et vive la science ! Seule à concourir tous les prix et toutes les places sont pour ses nourissons, fussent-ils ignares et vicieux comme tels et tels qui sont au pinacle... hallucination!

Démocratique. — Elle augmente les impôts; elle fait des hommes établis et mariés, des soldats jusqu'à quarante ans ; elle traite le paysan d'ilote encore ignorant et sauvage, elle jette la fille de l'ouvrier des fabriques et des villes dans les bras de la prostitution et l'ouvrier lui-même qu'elle a avili, appauvri, aigri, égaré, sur les barricades exposé aux balles de l'émeute et sur les routes de Nouméa. Demandez à l'homme du peuple qui ne se grise pas d'absynthe et d'infects journaux ce que depuis dix ans ans il a gagné à vivre sous la république, je dis à l'ouvrier et à l'homme du peuple... Oh! je ne dis pas : demandez à MM. Grévy frères, au citoyen Gambetta, à nos ministres, à nos préfets, à nos conseillers municipaux de Paris et des grandes villes, non... et l'ouvrier vous dira : plus ça change et plus c'est la même chose... hallucination !

Epileptique. . hallucinée... et ulcérée... profondément ulcérée... j'abrège, messieurs.

La liberté de la presse, la licence abominablement ignoble des journaux... ulcère.

Le libéralisme qui parle de vérité, de justice et de vertu et qui se fait le patron du vice et du mensonge... ulcère.

Le matérialisme abject qui envahit toutes les classes de la société... ulcère.

Le suffrage universel avec lequel jongle les partis... ulcère.

La soif de l'or et des jouissances qui foule aux pieds toute probité commerciale et toute justice... ulcère.

Les enterrements civils ou l'homme se ravale au niveau du chien... ulcère.

Les mariages purement civils ou l'homme s'accouple pour sauvegarder seulement certains intérêts matériels... ulcère.

Le militarisme qui envahit l'Europe et arme des millions d'hommes prêts à s'entre tuer sans savoir pourquoi... ulcère.

La haine de Dieu, des hommes de Dieu, de l'Eglise de Dieu qui enfante les missionnaires et les Sœurs de charité... ulcère.

Tous les vers infects qui pullulent sur ces plaies béantes et qui en vivent grassement... ulcère.

Et qui niera, messieurs, que notre pauvre France qui, je le crois encore, peut en guérir...

Un violent coup de la sonnette de M. Gambetta retentit dans les couloirs et appelle soudain nos docteurs en séance .. la parole est donc pour continuer la consultation au docteur Fiaux à qui nous promettons une réponse, foi de Jacques Bonhomme !

II

Les dix commandements de la morale républicaine.

UN ÉLÈVE DES FRÈRES ET LE CITOYEN INSPECTEUR

L'Inspecteur. — Enfant, lis-moi ce paragraphe de l'éloquent opuscule du docteur Fiaux d'Andilly illustré déjà par le grand Arnaud.

L'Elève. — « La Ligue républicaine de l'enseignement respecte pardessus tout la liberté de conscience, c'est pourquoi elle est formellement opposée à ce que l'enseignement religieux se fasse à l'école. D'ailleurs ne savons-nous pas que l'enseignement clérical altère la conscience de l'enfant, lui donne pour la vie de fausses idées, de faux principes, sature son esprit de vains préjugés et de puériles superstitions lui apprend le mépris de nos lois il n'a donc jamais été ni au catéchisme, ni à la messe, ce monsieur-là) de nos institutions (lesquelles?) de nos libertés, la haine de notre grande Révolution et le détourne trop souvent hélas! d'une patrie, qui n'est point telle que l'ont rêvée les professeurs du Syllabus... (Est-ce que c'est un Prussien qui a écrit ça, Monsieur?) — Continue — « Aussi la ligue veut, et cela elle le veut énergiquement, que nos enfants soient exclusivement confiés à des maîtres et à des maîtresses laïques... citoyens et citoyennes comme nous... »

L'Inspecteur. — Bien, quoique élève d'une école cléricale, tu lis passablement. Oh! je suis impartial, moi! Maintenant, récite-moi les dix commandements de la morale républicaine.

L'Elève. — Vous voulez dire les commandements de Dieu, sans doute, monsieur l'Inspecteur.

L'Inspecteur. Dis citoyen Inspecteur, et sache, enfant, qu'un Républicain est plus qu'un homme, c'est un Citoyen! Eh bien! récite-les voir, tes commandements de Dieu.

> *L'Elève.*
>
> Un seul Dieu tu adoreras,
> Et aimeras parfaitement.
> Dieu en vain tu ne jureras
> Ni autre chose pareillement.

L'Inspecteur. — L'enseignement clérical altère la conscience de l'enfant.

> *L'Elève.*
>
> Les dimanches tu garderas
> En servant Dieu dévotement.
> Tes père et mère honoreras
> Afin de vivre longuement.

L'Inspecteur. — L'enseignement clérical lui donne pour la vie de fausses idées, de faux principes.

> *L'Elève.*
>
> Homicide point ne seras
> De fait ni volontairement.
> Luxurieux point ne seras
> De corps ni de consentement.
> Le bien d'autrui tu ne prendras
> Ni retiendras à ton escient.

L'Inspecteur. — L'enseignement clérical sature l'esprit de l'enfant de vains préjugés et de puériles superstitions !

> *L'Elève.*
>
> Faux témoignage ne diras
> Ni mentiras aucunement.
> L'œuvre de chair ne désireras
> Qu'en mariage seulement
> Bien d'autrui ne convoiteras
> Pour les avoir injustement.

Le citoyen Inspecteur. — Est-ce fini? Eh bien! maintenant écoute et grave dans ta mémoire ce que je vais te dire : De cette vieille morale, nous n'en voulons plus. Elle gêne trop la nature, elle nous embête... La liberté, enfant, la liberté. Plus de freins, plus de chaînes. A la place de ces vieux commandements du judaïsme et du catholicisme, appre-

nez-moi les dix commandements de la morale républicaine. Ecoute
bien, petit :

> Gambetta tu adoreras
> Et singeras servilement.
> Le nom de Grévy béniras
> Et du sieur Constans l'odorant.
> Quatorze Juillet fêteras
> Comme un doux souvenir de sang.
> Tes père et mère blackbouleras
> Pour rigoler joyeusement.
> Bon Nihiliste tu seras
> Pétrolant et Communardant.
> Luxurieux toujours seras
> C'est le vœu du patron Satan.
> Bien d'autrui escamoteras
> Par jeu de bourse ou autrement.
> Faux témoin, menteur tu seras
> A la Voltaire carrément.
> Du mariage tu te riras
> A la Ferry, civilement.
> Le bien d'autrui convoiteras
> Pour l'avoir n'importe comment.

L'Elève. — Mais monsieur, pardon, citoyen Inspecteur, si je récitais
cela, le Frère me gronderait, si je faisais cela, le bon Dieu me damnerait.

L'Inspecteur. — Ta, ta, ta. Régime nouveau, morale nouvelle. Mira-
beau, Robespierre, Marat, Danton, voilà nos saints, nos prophètes, nos
martyrs. Ils ont pratiqué la morale républicaine, à nous de les suivre.

L'Elève. — Cependant...

L'Inspecteur. — Eh quoi ! cependant?

L'Elève. — On nous a dit qu'il valait mieux obéir à Dieu qu'aux
hommes, quand les hommes se mettaient formellement en opposition
avec les lois de Dieu.

L'Inspecteur. — Les voilà bien ces cléricaux « altérant la conscience
de l'enfant, lui donnant pour la vie, de fausses idées, de faux principes. » Petite vipère, renonce à ces vieilleries, et deviens un citoyen
libre, loin de toi, toutes ces entraves cléricales. La liberté, l'égalité, la
fraternité, il n'y a que ça!

L'Elève. — La liberté des enfants de Dieu, consiste à faire le bien et
à éviter le mal.

L'Inspecteur. — Et qu'est-ce que le bien et le mal, petit docteur?

L'Elève. — Le bien, c'est l'amour de Dieu, notre père, et du prochain
notre frère, c'est la vertu, c'est la justice, c'est la pureté, c'est Jésus-
Christ. Le mal, c'est le mépris de Dieu et des hommes, c'est l'orgueil,
l'avarice, la luxure, l'envie, le mensonge, tous les vices, en un mot.

L'Inspecteur. — Pauvre petit, encore enveloppé dans les langes du
cléricalisme, qui « sature son esprit de vains préjugés et de puériles
superstitions. »

Tu m'inspires une grande pitié, vraiment, sois homme, allons, sois
citoyen, et sache, une fois pour toutes, qu'il n'y a ni bien ni mal, ni
Dieu, ni démon, et que l'homme est fait pour jouir...

L'Elève. — A la manière des bêtes ou à la manière des anges, citoyen Inspecteur?

L'Inspecteur. — Je t'ai déjà dit qu'il n'y avait ni anges, ni démons.

L'Elève. — Alors, il n'y a que des bêtes...

L'Inspecteur. — Tu deviens insolent, je crois, petit clérical.

L'Elève. — Je cherche à m'instruire, citoyen inspecteur, et je me demande comment remplacer dans le monde, Dieu et Notre-Seigneur Jésus-Christ...

L'Inspecteur. — Eh bien! Et Grévy! et Gambetta! notre Gambetta que l'Europe nous envie, et Rochefort, et la citoyenne Louise-Michel! et le docteur Fiaux! Tu insultes à nos grands hommes et à notre grande Révolution, jeune drôle, en supposant que la religion soit nécessaire encore lorsque le citoyen Fiaux affirme que les écoles laïques vont rendre à la France son prestige d'autrefois.

L'Elève. — Eh! elle avait donc du prestige, autrefois la France cléricale!

L'Inspecteur. — Tais-toi, langue de vipère; Ferry, le grand citoyen, ministre de l'instruction publique, a bien raison de fermer tous ces asiles de la réaction et du cléricalisme, avec lequel on n'a jamais le dernier mot si on ne le baillonne, et toi, si tout à l'heure tu ne sais pas par cœur les commandements de la morale Républicaine...

L'E ève. — J'aime encore mieux la vieille morale, c'est plus difficile, mais ça rend le cœur gai, et on a moins peur de mourir... car il faudra mourir, c'est-à-dire, rendre ses comptes au grand Juge, citoyen inspecteur... — Docteur Fiaux, Emile de Girardin et Littré, après bien d'autres, ont fini par être de cet avis, et je ne crois pas vous faire injure en supposant que vous êtes convaincu que la vieille morale, toute cléricale qu'elle est, a du bon... et que ceux qui la pratiquent et qui l'enseignent sont plus patriotes que les docteurs de la morale Républicaine, que nous appelons, nous autres petites gens, la morale du diable...

III

L'histoire traitée d'après les dernières découvertes de la science médicale.

PAR LE DOCTEUR FIAUX, CHEVALIER DE LA LÉGION D'HONNEUR

> « Nous voyons qu'avant 89, même pendant les
> époques les plus littéraires, l'enseignement populaire
> n'existait pas. » (Docteur Fiaux, pag: 4.)

« Chacun son métier, les vaches seront bien gardées. »

Mon père, un petit paysan à l'œil vif, me répétait souvent ce refrain, et Jacques Bonhomme constate tous les jours combien il avait raison. En cataplasme et en potion, je ne doute pas que vous ne soyez fort, mais en histoire, vrai, vous êtes amusant. Et si vous traitez vos malades comme vous traitez l'histoire, s'ils n'en meurent pas tous c'est que comme elle ils sont d'un rude tempéramment. On dit que la science médicale a fait des progrès, quels progrès alors! Croyez-vous à la médecine, docteur? Oui! vous m'étonnez, mais alors pourquoi l'abandonnez-vous pour la politique. Vous n'êtes pas doux en général, vous médecins, pour les rebouteurs et les praticiens, qui font de la médecine, parce que, dites-vous, ils peuvent compromettre la santé, la vie même des malades et dans une certaine mesure, vous avez raison. Mais n'en serait-il pas un peu de même des médecins, des avocats, fussent-ils petits comme celui d'Alger, grands comme celui de l'Elysée, gros et gras comme celui de la Chambre, qui s'occupent de politique, au risque de compromettre la santé et la vie des nations! Quoi! je ne voudrais pas pour cultiver mes légumes, même d'un savant médecin comme vous ou d'un gros avocat comme lui, et pour cultiver les intérêts moraux et temporels d'un grand pays comme la France il suffirait de renier son métier, de jargonner de belles paroles sur la science, sur la Révolution et surtout contre le Cléricalisme! il suffirait de fabriquer une page d'histoire avec un mélange savamment combiné à dose égale (remuer avant de prendre) d'ineptie, de calomnie et de mêmes drogues de pharmacie anti-cléricale!

Car enfin, à l'appui de vos dires sur les écoles primaires, quelles preuves apportez-vous? Vous citez un monsieur de Tocqueville, mort il n'y a pas longtemps, paraît-il. Il dit « noir » sur le moyen âge, mais d'autres disent « blanc » ils n'y sont allés ni les uns ni les autres, faudrait voir; je me défie des vivants pour juger les morts qui ne reviennent pas pour se défendre, c'est une maladie dont vous aurez peine à me guérir, docteur. Vous citez encore un autre citoyen un monsieur Labruyère, un fameux savant paraît-il et qui vivait sous Louis XIV. J'ai déjà lu sa phrase sur mes ancêtres bien des fois, car vos amis nous la servent bien souvent. Mais de jolies phrases sur les paysans d'aujourd'hui j'en ai lu bien d'autres dans vos journaux républicains : brutes, êtres ignares, animaux plus stupides que les bêtes qui mangent du foin, vile multitude bonne à conduire au bâton, et d'autres amabilités de ce genre... Et si un malin faisait la peinture de vos électeurs des faubourgs de Paris et des grandes villes, des ouvriers et des ouvrières des usines de Saint-Denis et d'ailleurs, croyez-moi le paysan de la Bruyère auprès d'eux ferait très bonne figure. Les avez-vous vus vos électeurs des banlieues et des fabriques, un lundi soir, citoyen-conseiller? Vous qui êtes une fine plume allez-y voir, et décrivez-nous ça comme M. Zola... et vous rirez bien de n'avoir su dénicher contre les écoles primaires d'avant la Révolution qu'une phrase de la Bruyère qui n'en parle pas. Jolie manière d'écrire l'histoire à la Fiaux : « M. Gambetta, le héros de la République franc-maçonne a, mettons 1,000,000 de revenus (je prends un terme moyen). Un jour on trouvera dans ses comptes : pour la baignoire d'argent... 40,000 francs, pour Trompette, le cuisinier de notre Lucullus républicain... 15,000 francs par an ; pour sa petite vie de garçon... 100,000; pour ses petits dîners offerts aux députés afin de les convertir au « scrutin de liste »... 100,000; et pour les écoles primaires? Rien. Non pas qu'il n'aura rien fait, mais sa modestie lui défend de livrer à la postérité l'histoire de sa générosité. Ainsi des comptes de notre magnanime président. Ainsi de vos comptes, docteur Fiaux. Mais nos annales locales seront moins dis-

crètés et elles diront quelle somme vous preniez dans votre cassette
-particulière pour les prix des écoles, oh! dans un but qui n'avait rien
d'électoral! qui en oserait douter? Ne jetiez-vous pas les prix dans nos
écoles à profusion bien longtemps avant d'être candidat? Nul ne s'en
souvient, mais cela devait être, votre amour pour les écoles primaires
nous en est un sûr garant! farceurs, va! avec votre « sou » laïque! et
obligatoire, n'est-ce pas?

Donc, si je ne me trompe, voici votre résumé historique sur les
écoles primaires avant 93 : Avant notre grande Révolution que faisaient
pour les écoles primaires les rois, les nobles, les prêtres? Rien. Que
fait-on pour elles depuis 93? Tout!

Mais si des savants prouvent pièces en main qu'avant 93, il y avait
des écoles primaires, beaucoup d'écoles primaires et s'ils établissent
qu'elles étaient dues à la générosité des rois, des nobles et des prêtres,
que faudra-t-il penser de vos affirmations si nettes, si précises? Ignorance, mensonge, calomnie : ce sont de bien gros mots, nous en cher-
cherons d'autres qui diront la même chose mais qui seront « parle-
mentaires » comme vous dites. Il est vrai que vis à vis des prêtres, des
nobles et des rois, en République tout doit être permis, et vous aurez
bien mérité de la franc-maçonnerie.

Eh bien ! docteur, j'ai là sous les yeux un tout petit livre, (je n'ai pas
le temps de lire les gros, mes pois, mes asperges et mes pommes de
terre s'impatienteraient) et ce drôle dit précisément tout le contraire
de ce que vous avancez. Vous le trouverez à Paris, rue de Grenelle 35,
à la librairie de la Société bibliographique ; il est intitulé : l'*Instruction
primaire avant la Révolution*, par E. Allain. Il ne coûte que 25 centimes,
comme vous voudrez que vos électeurs jugent entre vous et lui, vous
le leur enverrez, gracieusement, je n'en doute pas. En tous cas, j'engage
tous ceux qui vous ont lu à se procurer ce petit livre, qui leur arrivera
franco par la poste avec 10 centimes en plus, je crois, il est instructif
et intéressant; comment du reste, jugeraient-ils autrement? Qui n'entend qu'une cloche... la vôtre fait un joli carillon, docteur, cela
cependant ne saurait suffire à un esprit impartial et sérieux. Quand
vous l'aurez lu vous-même, je ne doute pas que vous en fassiez un
autre pour le démentir ou bien que vous ne confessiez que vous vous
êtes trompé de bonne foi et que vos études médicales ne vous ont
pas permis d'approfondir la question des écoles avant 93. L'on dira
alors : le docteur Fiaux s'est avancé un peu à la légère, ce n'est pas
un stratégiste hors ligne, c'est un monsieur Purgon qui ferait mieux
de s'occuper de laxatifs et d'émollients, mais il avale son « crapaud »,
loyalement comme tout honnête républicain doit faire.

Pour vous engager à demander à la librairie Bibliographique quelques centaines d'exemplaires de ce petit livre que vous distribuerez à
vos administrés pour leur prouver que leurs pères n'étaient pas si
bêtes que vous voulez-bien le dire, laissez-moi vous en citer quelques
bribes. Je commence :

I. — POSITION DE LA QUESTION

Y avait-il avant la Révolution des écoles primaires dans notre pays
ou bien est-ce à notre siècle que revient la gloire d'avoir fondé l'Enseignement primaire?

Est-ce net, docteur? je continue mes citations :

« Les uns ont affirmé comme une chose hors de doute qu'il n'y avait point d'écoles avant 1789... d'autres au contraire après avoir étudié l'histoire, recherché les faits, fouillé patiemment dans nos archives, ont soutenu que l'instruction primaire, vieille de plusieurs siècles, était autrefois florissante dans notre pays et que la Révolution loin de servir la cause de l'enseignement populaire l'avait compromise et pour un temps perdue... des savants distingués, des publicistes, des hommes versés dans l'étude du passé (il paraît que vous ne fréquentez pas ce monde-là, docteur), nous ont fourni des matériaux parmi lesquels nous n'avons eu que l'embarras du choix... Nous citerons en particulier M. Léopold Delisle, membre de l'Institut, MM. de Beaurepaire, Léon Maître, de Charmasse, Quantin (pas celui des hospices aux 50,000 francs d'appointements, bien sur) Merlet, archiviste-paléographe; MM. Fayet, Armand Ravelet, Charles de Ribbe, Audiat, Bubeau, etc., etc....

Les avez-vous lus, docteur? Non ! mais alors savez-vous ce que l'on dit chez nous de quelqu'un qui parle de ce qu'il ne connaît pas? on dit que c'est un blag..... pardon, docteur, mais la vérité avant tout, n'est-ce pas? Poursuivons :

II. — LES UNIVERSITÉS ET LES COLLÈGES AVANT LA RÉVOLUTION

« Avant cette époque (1789) nous avions en France 24 Universités fondées du douzième au seizième siècle : Paris, Montpellier, Toulouse, etc., etc.

Quant aux collèges, de 1149 à 1661, Paris seul en avait vu fonder et doter 65. Toutes les grandes villes en possédaient, beaucoup en avaient plusieurs. En 1710, les Jésuites seuls en dirigeaient plus de 100... On comptait en France, au moment de la Révolution 562 collèges avec 72,747 élèves, dont les quatre septièmes recevaient entièrement ou partiellement l'instruction gratuite (Villemain, *Rapport sur l'Instruction secondaire*, en 1843, p. 56 et 57) l'instruction classique, dit-il encore, avant 1789 était plus accessible aux classes moyennes ou pauvres... »

Oh! docteur, docteur, que dire de votre brochure? Traiter ainsi l'histoire? Mais vous voulez donc la tuer? Heureusement, elle a un tempérament de fer, on peut la fausser pour un temps, mais la tuer, jamais, que la médecine en fasse son deuil! Voyons, docteur entre nous vous vous êtes dit : il faut que j'épate mes électeurs, bonnes gens qui me croiront sur parole; depuis qu'ils croient moins à l'Evangile, ils sont si crédules, si gobe-mouches. Flattons-les, disons-leur que leurs ancêtres étaient des idiots. Après tout, est-ce étonnant, ils n'avaient pas le citoyen docteur Fiaux et son sou des écoles laïques! Pas d'écoles, les pauvres gens, mais là, pas d'écoles. Les rois, les nobles, les prêtres gardaient pour eux la science, à tel point, que Voltaire lui-même, le grand, l'incomparable, le Prussien Voltaire disait : Au peuple de la paille, et du foin, c'est assez...

Eh quoi! docteur, il y avait les étages supérieurs, l'instruction secondaire et les hautes études, et il n'y avait pas d'instruction primaire, pas d'étage inférieur? Et vous supposez vos électeurs assez... stupides pour avaler des pilules de cette force, docteur! Ah! où puisaient-ils donc leur ardent patriotisme, ces vaillants de la vieille France, qui faisaient chérir et honorer partout le drapeau de la patrie, si ce n'est dans cet enseignement clérical si honni aujourd'hui par ceux qui montent à l'assaut des couvents, et qui a fait la France si grande autrefois! Mais revenons à notre auteur :

Allons droit au fait, dit-il, et voyons, d'après l'étude attentive des documents, ce qu'a été l'instruction primaire dans l'ancienne France.

III. — LES PETITES ÉCOLES AVANT LE SEIZIÈME SIÈCLE.

Dès le seizième siècle, au rapport de Claude Joly, qui écrivait en 1676, on ne comptait pas moins de 500 écoles à Paris, 500 ? M Siméon Luce, que l'Institut vient de couronner dit : On a cru longtemps que le moyen âge n'avait rien connu qui ressemblât à ce que nous appelons l'instruction primaire. C'est une grave erreur. Il est fait à chaque instant mention, d'écoles rurales dans les documents, ou on s'attendait le moins à trouver des renseignements de ce genre, et l'on ne peut guère douter que pendant les années, même les plus agitées du quatorzième siècle. La plupart des villages n'aient eu des maîtres enseignant aux enfants la lecture, l'écriture et un peu de calcul.

Voici le raisonnement de nos républicains : de 1800 à 1824, c'est-à-dire sous le premier empire et sous Louis XVIII, nos papas et nos mamans n'apprenaient à peu près rien, les maîtres d'école eux-mêmes ne savaient presque rien, donc, pendant 1400 ans la France a été plongée dans les ténèbres de l'ignorance... mais, maladroits républicains, vous ne voyez donc pas que s'il n'y avait plus ni écoles, ni maîtres depuis 1800 jusqu'en 1824, c'est que la grande Révolution avait tout détruit : Universités, collèges, écoles... il a fallu cinquante ans pour se remettre à peu près de la première République, et voilà que la troisième veut recommencer à chasser les meilleurs maîtres de nos enfants, les religieux, les sœurs, les frères... et les chrétiens, instituteurs et institutrices qui ne voudront pas apostasier.

IV. — LES PETITES ÉCOLES AU SEIZIÈME SIÈCLE.

Le protestantisme les détruit, le catholicisme les relève, voilà le résumé de ce chapitre.

V. — LES PETITES ÉCOLES AU DIX-SEPTIÈME ET DIX-HUITIÈME SIÈCLE.

« Pour le diocèse de Rouen seulement, en 1710-1717, 1159 paroisses, 855 écoles de garçons, 306 écoles de filles. Voilà des chiffres, des chiffres qui parlent plus haut que toutes les déclamations.

D'après M. Edouard de Barthélemy, dans le diocèse de Reims, la plupart des paroisses étaient pourvues d'écoles. En 1779, au diocèse de Saint-Dié, baillis, syndics, échevins notables, réclament contre le trop grand nombre d'écoles. » Toujours enragés, ces cléricaux, pour fonder des écoles, on les chasse toujours, et toujours ils reviennent! Au dire de nos bons républicains, ces fondateurs d'écoles sont des ignorantins, mais eux qui les chassent sont les « amis de la science ». Que penser d'un peuple qui vote pour ces... comédiens? Qu'il est bien malade, n'est-ce pas, docteur?

C'est assez de citations. Que ceux qui veulent s'instruire, après avoir lu la brochure du docteur Fiaux, envoient 35 centimes en timbres-poste, 35, rue de Grenelle, pour se procurer ce petit livre qui se permet de démentir si hardiment et d'avance, car il date de 1876, notre futur candidat à la députation.

Il ne me reste plus que quelques petits scrupules a exposer à notre bon docteur, il les résoudra assurément, comme il répondra à M. E. Allain, et alors il pourra peut-être nous inscrire au nombre des souscripteurs au *Sou des écoles laïques*...

Qu'est-ce qu'un frelon? C'est un citoyen qui chasse l'abeille de sa ruche, lui criant : Vive la liberté, ôte-toi de là que je m'y mette, à moi ton miel, vilaine réactionnaire !

Citoyens laïques, est-ce que la plupart de vos collèges de Paris et de provinces ne sont pas des ruches bâties par les abeilles religieuses, à qui vous avez dit, vous frelons républicains de 93; ôte toi de là que je m'y mette! Après cent ans, les ruches ont vieillies, et vous ne savez pas même les transformer. Mais les abeilles religieuses ont bâti de nouvelles et magnifiques ruches, est-ce téméraire de supposer que les citoyens frelons de 1881 n'en chassent les abeilles que pour s'en emparer?

Sic vos, non vobis... mellificatis, apes.

Virgile, un prophète, connaissait bien les républicains, car ça veut dire, paraît-il :

L'abeille fait le miel et le frelon le mange...

Une autre question : comment se fait-il que les cléricaux, ces prétendus ennemis de la science, chassés par vous d'un collège qu'ils ont édifié, en ouvrent un autre pour instruire l'enfance et la jeunesse, et que toujours poursuivis, toujours traqués, toujours calomniés, ils savent toujours conquérir l'affection de l'enfant et la confiance des parents?

Et subséquemment, comment se fait-il que vous, hommes laïques, c'est-à-dire scientifiques! qui comptez dans vos rangs des Ferry et des Bert à foison, qui avez un budget de 60 millions, dont les catholiques donnent la plus grande part, vous ne recrutiez des élèves dans vos collèges, qu'à grands renforts de bourses, de pression, de menaces, et de décrets liberticides?

Comment se fait-il que vous n'osiez pas soutenir la concurrence avec quelques pauvres religieux qui ont pour toute arme un crucifix? Je ne sais pas ce que l'on entend dans vos collèges et dans vos universités par noblesse de cœur, délicatesse de sentiments et fierté professionnelle, mais si vos professeurs l'entendent comme nous, les procédés draconniens de votre Ferry doivent rudement les humilier! les déclarer incapables de concourir avec des religieux, c'est raide, docteur! Moi laïque, pas plus scientifique que ça, je dirais avec Jules Simon qui n'est pas un sot : faisons mieux qu'eux et l'on viendra à nous; vous citoyens vous dites : supprimons-les et le père de famille récalcitrant sera bien obligé de venir à nous; c'est plus facile, c'est plus républicain, c'est plus libéral, paraît-il, mais vrai, ce n'est pas fort, et moi, si vous ne m'éclairez, docteur, je garde mon sou pour les écoles libres, car j'ai le cœur français, et je n'aime pas ces façons d'agir à la prussienne.

Vous ignorez sans doute, que vous, citoyen docteur franc-maçon Fiaux, avec votre juif franc-maçon Hayem qui, peu d'accord avec les juifs d'Allemagne et de Russie, trouve que le dix-neuvième siècle est le plus beau des siècles, parce qu'en France les Israélites battent monnaie et occupent cent cinquante des plus belles places ; avec notre Langlois, franc-maçon ? de je ne sais où ! que vous rêvez de supplanter dans l'intérêt de la patrie ; vous ignorez sans doute que vous commencez à agacer les nerfs des bonnes gens de Pontoise et de Montmorency, car pour en finir, citoyen docteur, l'histoire, la vraie, ne dira-t-elle pas :

Qu'a détruit la République ? Tout.
Qu'a-t-elle édifié ? Rien.

si ce n'est la fortune des citoyens avocats et francs-maçons !

Maintenant la parole est à vous, citoyen docteur. Quand vous aurez fini, vous me la repasserez, n'est-ce pas ?

Jacques BONHOMME,
électeur du canton de Montmorency,

A qui l'on ne fait pas accroire que des vessies sont des lanternes.

PARIS — L. DE SOYE ET FILS, IMPRIMEURS, 5, PLACE DU PANTHÉON.